AF634044

Anna und Leon

Das ist Leon.

Sie malen ein Bild.
Sie malen eine Nase.
Sie malen einen Mund.
Sie malen zwei Augen.
Sie malen zwei Ohren.

Das ist Anna.

1 Kannst du dieses Bild malen?

Lies den Text und male das Bild wie beschrieben aus.

Der Hund trägt ein rotes Tuch.
Er spielt mit einem gelben Ball.
Sein Fell ist weiß mit schwarzen Punkten.
Der Himmel ist blau. Die Wiese ist grün.

2 Was ist falsch?

Lies genau und streiche das falsche Wort durch.

Anna und ~~Luis~~ malen ein Bild.

Anna und Leon malen eine Hose.

Anna und Leon malen drei Ohren.

Anna und Leon malen ein Auto.

3 Kennst du Anna und Leon?

Kreuze die richtige Antwort an.

Welche Farbe haben die Haare von Anna?

☐ blond

☐ braun

☐ schwarz

Was hat Leon in der Hand?

☐ einen Pinsel

☐ einen Stift

☐ einen Hammer

Wie ist Leons Pulli?

☐ grün

☐ gestreift

☐ gemustert

4 Was haben Anna und Leon an?

Lies den Text und male das Bild fertig.

Anna hat eine grüne Hose an.
Ihr Pullover ist gelb.
In der Hand hält sie einen Stift.
Ihre Schuhe sind rot.

Leon hat eine blaue Hose an.
Sein Pullover ist rot gestreift.
In der Hand hält er einen Pinsel.
Seine Schuhe sind braun.

5 Wer sitzt denn da?

Anna und Leon kommen in die Schule.
Sie gehen in die erste Klasse.
Ihr Klassenlehrer heißt Herr Wagner.
Anna und Leon sitzen an einem Tisch. Sie sind Freunde.

Das ist das Klassenzimmer der 1 b:

Anna liest die Namen der Kinder, aber einige Buchstaben sind verschmiert. Ergänze die Namensschilder.

J ☐ LIUS	☐ ETER
M ☐ RIA	ELIA ☐
S ☐ PHIE	A ☐ TON

6 Kannst du Anna helfen?

Anna lernt lesen: Sie malt unter alle Silben Silbenbögen und liest dann den Text laut vor.
Mache es auch so.

Die Schule beginnt am Morgen mit dem Stuhlkreis.

Heute leitet Leon den Stuhlkreis.

Die Kinder reden im Stuhlkreis über wichtige Sachen.

7 Was ist in der Tasche?

Ergänze den fehlenden Buchstaben in den Wörtern.

STIF ☐ E	☐ ADIERGUMMI
MÜNZ ☐ N	APF ☐ L
B ☐ CH	HEF ☐ E

Der Herbst ist da!

Anna stellt Leon ein Rätsel:

Der Igel ist auf einem Blatt,
das wie die Hand fünf Finger hat
auf einem Baum,
du glaubst es kaum.

Der kleine Igel, stachelspitz,
fiel auf den Kopf dem kleinen Fritz
von seiner Mütze
in die Pfütze.

Da war es mit dem Igel aus.
Er platzte – und was kam heraus?
Mit einem Hops
ein brauner Mops.

8 Leon möchte alles ganz genau wissen.
Kreuze die richtige Antwort an.

Wo sitzt der Igel?

- ☐ auf einem Haus
- ☐ auf einem Auto
- ☐ auf einem Baum

Wohin fällt der Igel?

- [ ] auf den Kopf von Fritz
- [ ] auf das Bein von Fritz
- [ ] auf den Fuß von Fritz

Was kommt aus dem Igel heraus?

- [ ] ein grüner Mops
- [ ] ein brauner Mops
- [ ] ein schwarzer Mops

9 Das Herbsträtsel

Beantworte die Fragen und trage die Buchstaben aus den grauen Kästen nacheinander in den Lösungskasten ein.

Was reimt sich in dem Gedicht auf Baum?

Wie ist der kleine Igel? Er ist ...

			C	H							

Wo hinein fällt der Igel?

I	

D		

P	F				

Schreibe die Buchstaben aus den grauen Kästchen der Reihe nach in den Lösungskasten.

10 Ich gehe mit meiner Laterne

In der Schule basteln die Kinder Laternen.
Anna malt ein schwarzes Pferd.
Leon malt eine Sonne, einen Mond und fünf Sterne.
Anna und Leon malen sehr schön!
Die Kinder schneiden die Teile aus und kleben sie auf buntes Papier.
Am Abend laufen sie durch die Straßen.
Sie singen ein Lied:

10 Was stimmt?

Kreuze alles an, was richtig ist.

- ☐ Die Kinder basteln Laternen.
- ☐ Leon malt einen Ritter.
- ☐ Anna und Leon malen sehr schlecht!
- ☐ Die Kinder schneiden die Teile aus.
- ☐ Am Morgen laufen sie durch die Straßen.
- ☐ Sie singen ein Lied.

11 Wem gehört welche Laterne?

Schreibe den richtigen Namen in die Zeile darunter.

Diese Laterne gehört: ____________

Diese Laterne gehört: ____________

12 Wann ist Laternenumzug?

Kreuze die richtige Antwort an.

- ☐ immer an Weihnachten
- ☐ immer an Ostern
- ☐ am Sankt-Martins-Tag

13 Was passiert wann?

In welcher Reihenfolge kommen die Wörter vor?
Nummeriere.

1.	basteln	☐	schneiden	☐	laufen
☐	kleben	☐	singen	☐	malen

14 Das Leben von Sankt Martin

Lies den folgenden Text und beantworte die Fragen.

Vor langer, langer Zeit lebte ein Soldat. Er hieß Martin.
Sein ganzes Geld gab er den Hungrigen und Kranken.
Bald wollte Martin kein Soldat mehr sein.
Er gründete ein Kloster.
Alle mochten Martin.
Die Menschen beschlossen:
„Martin soll Bischof werden!“
Ein Bischof ist ein sehr wichtiger Mann in der Kirche.
Aber Martin wollte nicht Bischof werden.
Er sagte: „Ich bin doch nichts Besonderes!“
Er versteckte sich bei den Gänsen im Stall.
Die Gänse schnatterten laut. Sie verrieten Martin.
So wurde er doch noch Bischof.

Was gründete Martin?

Was ist ein Bischof?

Wo versteckte sich Martin?

Warum haben die Menschen Martin schnell gefunden?

15 Die Geschichte von Sankt Martin

Hier siehst du die Geschichte von Sankt Martin in Bildern.
Beschrifte sie in der richtigen Reihenfolge.

16 Warum wollte Martin nicht Bischof werden?

Kreuze die richtige Antwort an.

- ☐ Bischof sein war Martin zu anstrengend.
- ☐ Martin hatte fürchterliche Angst.
- ☐ Martin war sehr bescheiden.

Juchhe – der erste Schnee

Anna schaut aus dem Fenster.
Sie ruft: „Leon, komm! Es hat geschneit!“
Schnell ziehen die Kinder die Stiefel an.
Leon bindet sich den Schal um den Hals.
Anna holt den Schlitten.
Die Kinder laufen auf einen Berg.
Auf dem Schlitten sausen sie
den Berg hinunter.
Dann bauen sie einen Schneemann.
Aus drei großen Kugeln formen sie
den Körper.
Zwei kleine Kugeln sind die Hände.
„Zwei Kugeln formen wir zu Ohren!“,
schlägt Leon vor.
Gleich machen sie sich an die Arbeit.

17 Stimmen die Aussagen?

Kreuze richtig oder falsch an.

	richtig	falsch
Die Kinder laufen auf einen Berg.	☐	☐
Sie bauen einen Schneemann.	☐	☐
Vier Kugeln sind die Hände.	☐	☐
Anna gibt dem Schneemann ihre Mütze.	☐	☐
Anna und Leon fahren Ski.	☐	☐

18 Kennst du den Text genau?

Lies den Text und beantworte die Fragen.

Wer holt den Schlitten?

Wohin laufen die Kinder?

- ☐ zum See
- ☐ auf einen Berg
- ☐ nach Hause

Aus wie vielen Kugeln besteht der Schneemann?

- ☐ 3
- ☐ 5
- ☐ 7

19 Was ist hier falsch?

Vergleiche mit dem Text und unterstreiche die sieben falschen Wörter.

Anna fiel aus dem Fenster.
„Leon, komm nicht! Es hat geregnet!“
Langsam ziehen die Kinder die Regenjacken an.
Leon knotet den Schal um den Hals.
Anna holt den Regenschirm.

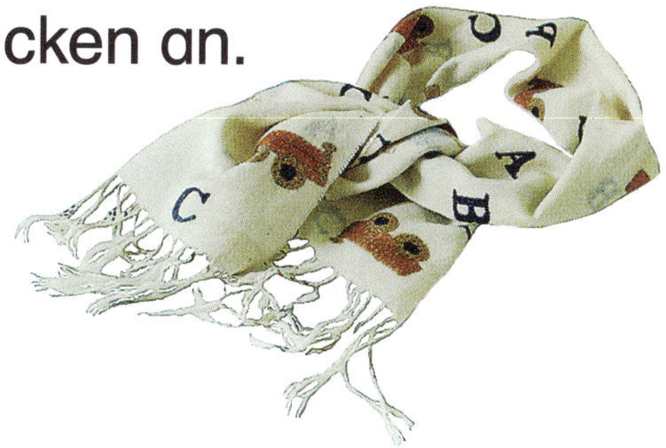

20 Kennst du diesen Schnee?

Lies die Texte. Verbinde dann sinnvoll wie im Beispiel.

Pappschnee klebt gut zusammen. Aus ihm kann man sehr gut Schneemänner bauen.

Schneematsch besteht aus Schnee und viel Wasser. Beim Drücken tropft das Wasser heraus.

Neuschnee nennt man den frisch gefallenen Schnee. Er ist nicht älter als drei Tage. Liegt der Schnee länger als drei Tage, nennt man ihn Altschnee.

Pulverschnee ist ganz trocken. Die Schneeflocken kleben nicht zusammen.

frisch gefallener Schnee	Pappschnee
klebt gut	Schneematsch
tropft Wasser heraus	Neuschnee
ganz trocken	Altschnee
älter als drei Tage	Pulverschnee

21 Was ist das für ein Schnee?

Von welcher Sorte Schnee sprechen Anna und Leon? Kreuze richtig an.

Leon ruft: „Der Schnee ist fast geschmolzen!“

- [ ] Pulverschnee
- [ ] Neuschnee
- [ ] Schneematsch

Anna sagt: „Es hat wieder geschneit!“

- [ ] Neuschnee
- [ ] Schneematsch
- [ ] Pulverschnee

22 Der wunderbare Schnee!

Leon findet Pappschnee am schönsten. Warum wohl? Finde im Text von Aufgabe 20 eine Begründung und schreibe sie in die Zeilen.

23 Woraus besteht Schneematsch?

Finde die Textstelle und unterstreiche in Aufgabe 20.

Wir verkleiden uns!

„Heute will ich nicht Anna sein“, sagt Anna.
Sie holt aus einer Kiste einen grünen und einen roten Socken. Sie zieht einen blauen Rock mit Flicken an.
Sie zieht einen rot-weiß gestreiften Pullover an.
Ins Gesicht malt sie sich rote Punkte.
Leon bindet um das rechte Auge eine schwarze Klappe.
Er trägt ein weißes Hemd, einen braunen Gürtel und eine schwarze Hose.
Kennst du diese Kinder?

24 Ich bin verkleidet!

Male die Kostüme wie im Text beschrieben an.

25 Wie sehe ich aus?

Wie sehen Anna und Leon aus? Kreuze an.

Anna sieht aus wie ...

- ☐ eine Fee.
- ☐ eine Prinzessin.
- ☐ eine Hexe.

Leon sieht aus wie ...

- ☐ ein Polizist.
- ☐ ein Pirat.
- ☐ ein Kapitän.

26 Was steht im Text?

Kreuze richtig oder falsch an.

	richtig	falsch
Ein Socken von Anna ist rot.	☐	☐
Der Rock ist grün.	☐	☐
Anna malt sich rosa Punkte ins Gesicht.	☐	☐
Leon trägt um das linke Auge eine Klappe.	☐	☐
Die Klappe ist schwarz.	☐	☐
Leons Hemd ist weiß.	☐	☐
Er trägt eine weiße Hose.	☐	☐

27 Auch die Tiere feiern Karneval!

Lies das Gedicht und unterstreiche alle Tiere, die verkleidet sind.

Känguru und Fledermaus
wollen sich verkleiden.
„Komm, wir tauschen -maus und -ru“,
beraten sich die Beiden.

Das Flederu, die Kängumaus
besuchen im neuen Gewand
die Mainisse, den Hornkäfer,
Eledil und Krokofant.

„Wie wunderbar! Die Farbenpracht!“,
bewundern sie sich alle.
Besonders hübsch in diesem Jahr:
Feuerschwein und Stachelqualle.

Doch ein Tier sagt: „Was für ein Quatsch!
Lasst mich damit in Ruh!
Ich mach nicht mit, ich bleib ich selbst,
das sagt euch euer Gnu.“

28 Kennst du das Wort?

Was bedeutet das Wort „Gewand“?
Finde ein anderes Wort dafür.

29 Wer gehört zusammen?

Verbinde die Tiere, die sich gemeinsam verkleiden.

Känguru	Krokodil
Maikäfer	Stachelschwein
Elefant	Fledermaus
Feuerqualle	Hornisse

30 Was fühlt das Gnu?

Suche dir zwei passende Wörter aus und ergänze die Sätze.

toll langweilig blöd gemein beleidigt hässlich

Alle Tiere finden den Karneval ______.

Nur das Gnu nicht. Das Gnu ist ______.

Jetzt kommt der Frühling

Heute scheint die Sonne. Die Kinder laufen zum Bach.
Sie sehen den kleinen Enten zu.
„Hörst du die Vögel?“, fragt Leon.
Anna schaut zum Baum.
Auf einem Ast baut ein Vogel sein Nest.
Auf der Wiese wachsen die ersten Blumen.
Anna sagt: „Komm, wir machen einen Ausflug!“
Sie gehen zu einem Bauernhof.
Zehn Hühner laufen auf dem Hof herum.
Ein schwarzer Hund bellt.
Der Bauer sagt zu den Kindern:
„Setzt euch ins Gras.
Gleich gibt es Brot und frische Milch.“
Die Kinder freuen sich.

31 Kennst du den Text?

Beantworte die Fragen.

Wohin laufen die Kinder?

Was macht der Vogel?

Welche Idee hat Anna?

Welche Jahreszeit wird in dem Text beschrieben?

32 Findest du den richtigen Satz?

Welcher Satz steht genau so im Text? Kreuze an.

- ☐ Drei Hühner laufen auf dem Hof herum.
- ☐ Zehn Hühner laufen auf der Straße herum.
- ☐ Zehn Hühner laufen auf dem Hof herum.

- ☐ Gleich gibt es Brot und frisches Wasser.
- ☐ Bald gibt es Brot und frische Milch.
- ☐ Gleich gibt es Brot und frische Milch.

33 Was passiert in der Geschichte?

Beantworte die Fragen und kreuze an.

Was macht der Bauer?

- ☐ Er schimpft mit den Kindern.
- ☐ Er spielt mit den Kindern.
- ☐ Er gibt ihnen etwas zu essen.

Wie fühlen sich die Kinder?

- ☐ Sie sind traurig.
- ☐ Sie sind müde.
- ☐ Sie freuen sich.

34 Hier stimmt doch was nicht!

In den Text haben sich Wörter hineingemogelt!
Umkreise die Wörter und schreibe sie der Reihe nach auf.

Endlich die Kinder laufen zum Bach. Sie sehen den kleinen Enten wird zu. „Hörst du die Vögel es?", fragt Leon. Anna schaut zum Baum. Auf einem warm Ast baut ein Vogel sein Nest.

35 Frühlings-Rätsel

Kannst du die Frühlingsrätsel lösen?
Kreise das Bild ein und verbinde mit dem richtigen Rätsel.

Dieses Tier hat keine Füße.

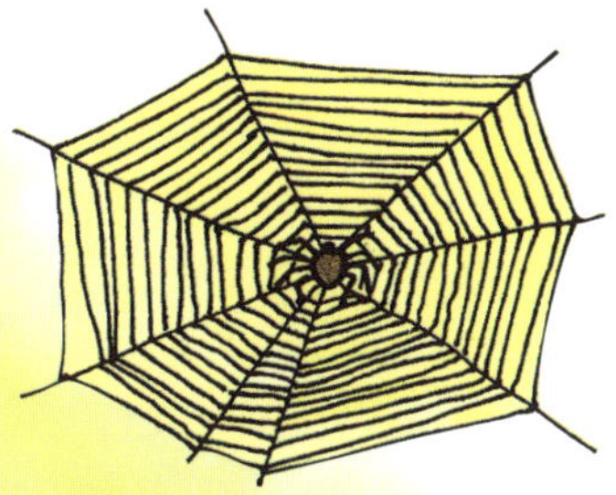

Sie wärmt die Blumen und Tiere.

Dieses Tier wohnt in einem Netz.

Flattert bunt von Blume zu Blume.

Sie sammelt den Honig.

Ein Haus in den Zweigen.

Diese Blume besitzt viele kleine Schirmchen.

Dieses Tier hat schwarze Punkte.

36 Anna und Leon spielen Verstecken

Nach dem Picknick spielen Anna und Leon Verstecken.
Lies den Text und beantworte die Fragen.

Anna zählt aus:
„Ene mene, ming-mang
knieptan, ting-tang
use buse, ackedeier
eier, zweier weg."

Anna darf sich als Erste verstecken.
Leon ist beleidigt. Er wollte sich doch verstecken!
Er sagt: „Ich habe keine Lust mehr!"
Jetzt ist auch Anna beleidigt.

Was wollen Anna und Leon spielen?

____

Wer muss als Erster suchen?

____

Warum ist Leon beleidigt?

- ☐ Weil er sich nicht als Erster verstecken darf.
- ☐ Weil er seine Hausaufgaben nicht gemacht hat.
- ☐ Weil er nicht mit Mädchen spielt.

37 Leon zählt aus!

„Ich zähle jetzt aus!“, ruft Leon.
Vergleiche den Abzählreim von Leon mit dem Abzählreim aus Aufgabe 36.
Unterstreiche in dem Abzählreim alle Wörter, die Leon anders gesagt hat.

„Ene mene, mi-ma
knieptan, pi-pa
use buse, ackudeia
aua, zweier weg.“

38 Die Versöhnung

Schnell vertragen sich Anna und Leon wieder.
Welches Bild passt am besten? Kreuze an.

☐ ☐ ☐

Ein Ei steckt voller Wunder

Es ist Ostern. Die Kinder bemalen in der Schule Eier.
„Was muss ein Ei alles können?“, fragt Herr Wagner.
Die Kinder überlegen.
Durch die Schale muss Luft kommen:
Das Küken würde ohne Luft im Ei ersticken.
Die Eierschale muss sehr fest sein:
Beim Brüten darf das Ei nicht kaputt gehen.
Die Eierschale muss aber auch sehr dünn sein:
Das Küken muss die Schale aufpicken können.

Die Kinder machen einen Versuch:

1. Einige Eier werden hart gekocht.

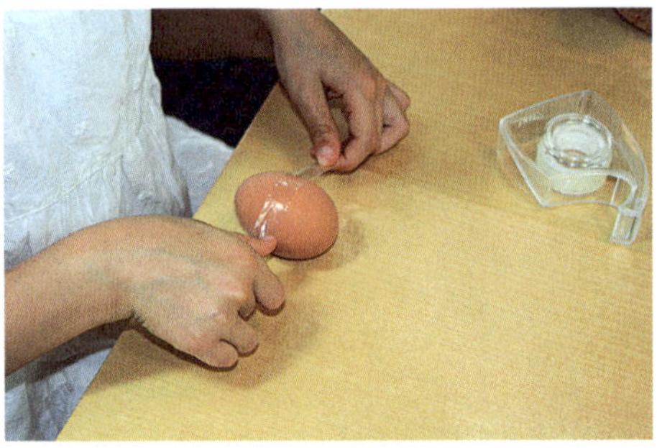

2. Um die Eier wird ein Klebestreifen geklebt. Dadurch soll der Rand beim Schneiden glatt bleiben.

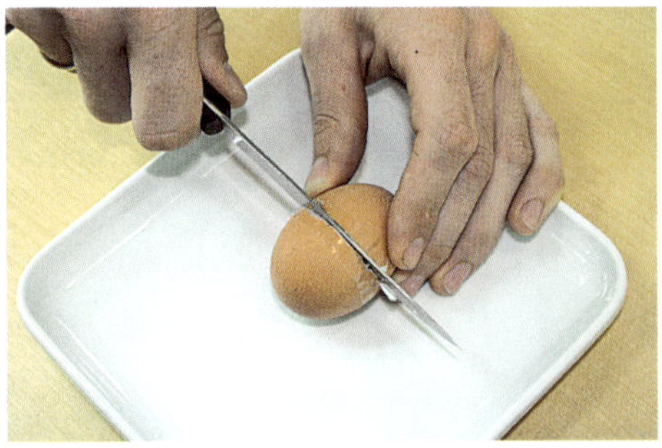

3. Jetzt wird das Ei in der Mitte durchgeschnitten. Das macht Herr Wagner.

4. Die Hälften werden ganz ausgelöffelt.

5. Die Schalen werden auf den Tisch gelegt. Nun stapeln die Kinder Bücher auf die Schalen.

„Eierschalen halten aber viel aus!“, ruft Leon.
„Obwohl sie so dünn sind!“, staunt Anna.

39 **So ist das also!**

Was wollte Herr Wagner mit dem Versuch zeigen? Kreuze an.

- ☐ Was Eierschalen alles aushalten können.
- ☐ Wie schnell Eierschalen kaputt gehen.
- ☐ Warum Eierschalen braun oder weiß sind.

40 Was passt zusammen?

Verbinde zu einem sinnvollen Satz.

Eierschalen sind dünn,	damit die Henne sich auf das Ei setzen kann.
Eierschalen sind fest,	damit das Küken im Ei atmen kann.
Eierschalen lassen Luft hindurch,	weil das Küken die Schale aufpicken muss.

41 Der Eierschalen-Versuch

Lies die Anleitung und male die Bilder dazu.

Zwei Eier kochen.

Die Eier in der Mitte auseinander schneiden.

Die Eier auslöffeln.

Eierschalen mit Büchern beladen.

42 Braune und weiße Eier

Lies den folgenden Text und beantworte die Frage.

„Warum sind eigentlich manche Eier braun und manche weiß?“, fragt Leon.
„Weiße Hühner legen weiße Eier!“, ruft Anna.
„Ganz so einfach ist es nicht“, sagt Herr Wagner.
„Seht euch mal dieses Bild an.

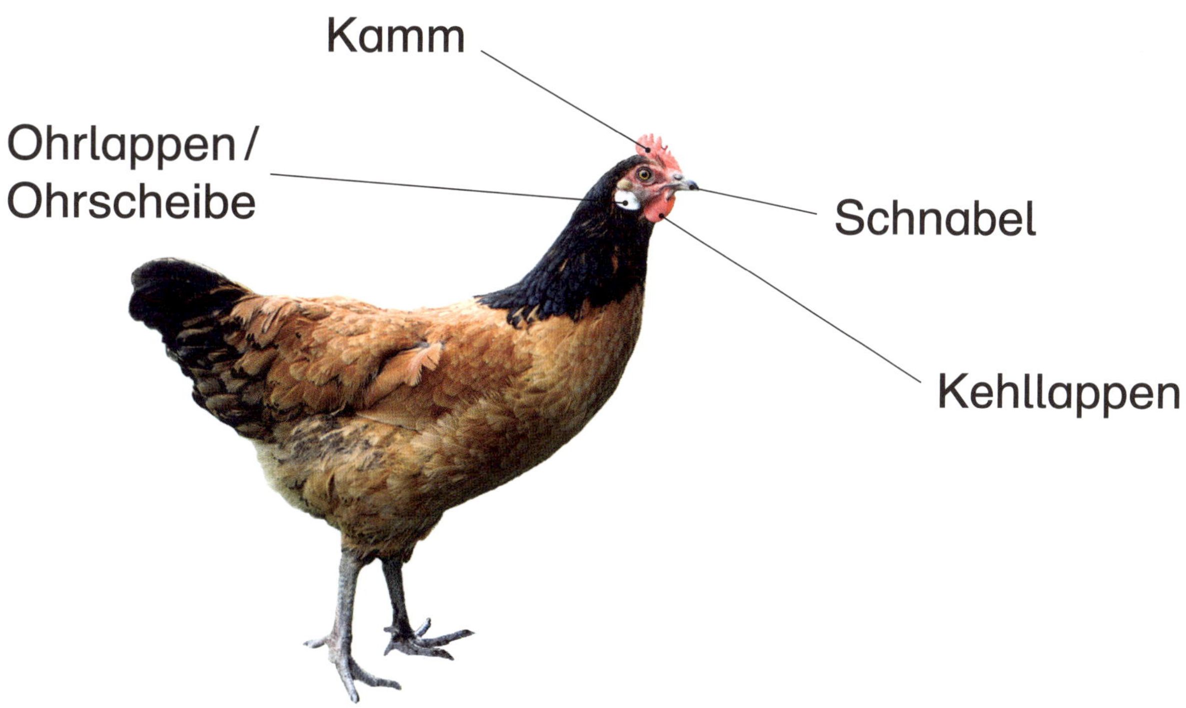

Ein Huhn hat unter dem Schnabel einen Kehllappen und direkt unter dem Ohr eine Ohrscheibe.

Wenn das Ohrläppchen rot ist, legt das Huhn braune Eier. Ist das Ohrläppchen weiß, legt das Huhn weiße Eier.“

Welche Eier wird das abgebildete Huhn wohl legen?

- ☐ Das Huhn legt weiße Eier.
- ☐ Das Huhn legt braune Eier.
- ☐ Das kann man nicht wissen.

Das Seepferdchen

Leon ist aufgeregt.
Er macht heute das „Seepferdchen“.
Der Bademeister wartet schon auf ihn.
Auch Anna will zusehen.
Zuerst muss Leon vom Beckenrand ins Wasser springen.
Dann muss er im großen Becken eine ganze Bahn schwimmen. Der Bademeister wirft einen Ring ins Wasser. Leon taucht. Er tastet mit den Händen nach dem Ring. Er bekommt keine Luft mehr.
Wo ist nur der Ring?
Leon taucht auf. Er schnappt kurz nach Luft.
Sofort ist er wieder unter Wasser.
Anna wartet gespannt. Als Leon endlich auftaucht, hält er den Ring in den Händen.
„Bravo!“, ruft Anna erleichtert. „Du hast es geschafft!“
Der Bademeister sagt: „Herzlichen Glückwunsch, Leon!“
Leon bekommt das Abzeichen. Man kann es auf die Badehose nähen. Leon freut sich. Er ist sehr stolz.
Auch Anna freut sich. Trotzdem ist sie ein wenig ängstlich.
Bald macht auch sie das Seepferdchen.

43 Kennst du den Text?

Beantworte die Fragen.
Kreuze die richtige Antwort an.

Wen trifft Leon?

- [ ] seine Eltern
- [ ] den Bademeister
- [ ] seinen Lehrer

Wonach muss Leon tauchen?

- [ ] nach einem Ball
- [ ] nach einem Ring
- [ ] nach einem Stein

Was will Leon bekommen?

- [ ] das Seepferdchen
- [ ] den Seelöwen
- [ ] das Meerschweinchen

Wohin gehört das Abzeichen?

- [ ] auf die Badehose
- [ ] in den Suppentopf
- [ ] in den Mülleimer

44 Was gehört hier nicht her?

Kreuze das Bild an, das **nicht** in die Geschichte passt.

☐

☐

☐

☐

45 Wichtige Baderegeln

Lies die Baderegeln. Trage die richtige Bildnummer in den Kasten vor der Baderegel ein.

☐ Schwimme nicht mit vollem Bauch!

☐ Nicht überhitzt ins Wasser gehen!

☐ Stoße niemanden ins Wasser!

☐ Trockne dich nach dem Baden ab!

1.

2.

3.

4.